So ist das Leben, und so
muß man es nehmen, tapfer,
unverzagt und lächelnd –
trotz alledem.

Rosa Luxemburg, 1917

Bronzebüste Rosa Luxemburgs von
Hanna Studnitza, im Besitz der Rosa-
Luxemburg-Stiftung Sachsen e.V.,
Foto Gerhard Märker

Barbara Brüning

Klassisch gut: Rosa Luxemburg

BuchVerlag
für die Frau

ISBN 978-3-89798-247-5

Fotos: Gerhard Märker,
Rosa-Luxemburg-Stiftung, Berlin,
Rosa-Luxemburg-Stiftung Sachsen e.V,
Zeichnungen: Bundesarchiv der
Stiftung Archiv der Parteien und
Massenorganisationen der DDR
Gestaltung: Catharina Ende, Leipzig
Druck: Klingenberg Buchkunst Leipzig
Bindearbeiten: Müller Buchbinderei
GmbH Leipzig

Printed in Germany

www.buchverlag-fuer-die-frau.de

Inhalt

Als Lebensmotto heitere Gelassenheit

„Freiheit ist immer die Freiheit der Andersdenkenden.“

Mit diesen Worten ist die Philosophin und Politikerin Rosa Luxemburg weltberühmt geworden. Sie drücken die Achtung vor der Meinung anderer Menschen aus, auch wenn diese nicht der eigenen Überzeugung entspricht. Wie zeitlos aktuell!

Porträtaufnahme von
Rosa Luxemburg um 1910

Schon in ihrer Kindheit machte Rosa Luxemburg eigene Erfahrungen mit dem Problem der Freiheit. Sie wurde am 5. März 1871 in Zamość südlich der Stadt Lublin geboren. Dieser Teil Polens gehörte damals zu Russland und begehrte immer wieder gegen den russischen Zaren auf. In Schulen und Behörden durfte nur Russisch gesprochen werden, was viele Polen als Verlust ihrer nationalen Identität betrachteten.

Rozalia (Róza) war die jüngste Tochter einer jüdischen Holzhändlerfamilie mit fünf Kindern. Obwohl ihre Mutter Lina Löwenstein einer Gelehrtengeneration von Rabbinern entstammte, führte die Familie kein bewusst jüdisches Leben. Der Vater, Elias Luksenburg, machte gute Geschäfte mit Deutschland und erzog seine Kinder im Geist der deutschen Kultur.

Rosa Luxemburg (seit ihrer Übersiedlung in die Schweiz bevorzugte sie die kosmopolitischere Schreibweise ihres Namens) hat von den verschiedenen Identitäten ihrer Familie profitiert. Sie sprach fließend Deutsch, Polnisch und Russisch, was ihrer späteren politischen und publizistischen Tätigkeit zugute kam.

Neben Hannah Arendt und Edith Stein gehört sie zu den bedeutendsten deutschsprachigen jüdischen Philosophinnen des 20. Jahrhunderts.

Als Rosa drei Jahre alt war, zog ihre Familie nach Warschau um. Dort wurde bei dem aufgeweckten Kind ein Hüftleiden festgestellt, das fälschlicherweise als Knochentuberkulose diagnostiziert wurde. Rosa musste ein Jahr lang in einem Gipsverband im Bett liegen. Als der Verband endlich entfernt wurde, zeigte sich, dass Rosa hinkte.

Trotz zahlreicher, oft schmerzhafter Behandlungen besserte sich ihr Leiden nicht. „Hinkebein“ riefen andere Kinder ihr hinterher, mitleidige Blicke Erwachsener und auch die übergroße Zuwendung der Eltern waren schwer zu ertragen. Es brauchte einige Zeit, bis Rosa ihren entstellten Körper akzeptierte und sie verwandte große Anstrengung darauf, das Hinken zu verringern. Ihre Mutter half Rosa durch gut geschnittene Kleider die Behinderung zu kaschieren.

Die durch das Hüftleiden erzwungene Bettruhe hatte allerdings auch etwas Gutes: sie

regte Rosa schon frühzeitig dazu an, den Wert von Büchern und geistiger Beschäftigung schätzen zu lernen. Mit fünf Jahren konnte das Mädchen bereits lesen und schreiben.
Rosas späterer Schulalltag glich einem Hindernislauf: sie war nicht blond, nicht blauäugig, ihre Familie feierte keine christlichen Feiertage. Rosa war nicht anmutig, konnte nicht rennen, nicht tanzen – nie würde sie wie alle anderen sein. Sie konnte nur mit ihrer Charakterstärke, ihrem Geist, ihrer Individualität beeindrucken.
Im Jahr 1887 legte Rosa Luxemburg ihr Abitur am Warschauer

Frauengymnasium ab, wobei sie in 14 Fächern die Note „Ausgezeichnet" erhielt, in den übrigen Fächern die Note „Sehr gut".
Prägend für ihren weiteren Lebensweg nach der Schulzeit war die Begegnung mit Marcin Kasprzak, einem deutschen Sozialdemokraten, der in Warschau aus politischen Gründen untergetaucht war. Er gründete das illegale Warschauer Arbeiterkomitee „Das zweite Proletariat", in dem Rosa erste Erfahrungen mit politischer Agitation sammelte.

Rosa Luxemburg als Gymnasiastin in Warschau, 1887

Sie wurde später eine der brillantesten Rednerinnen der deutschen Sozialdemokratie und berief sich immer darauf, dass das Warschauer Arbeiterkomitee eine gute Rhetorikschule gewesen sei. Dort liegen auch ihre philosophischen Wurzeln. Denn Marcin Kasprzak machte sie mit den wichtigsten Schriften von *Karl Marx bekannt, insbesondere seinen Gedanken zur ökonomischen Theorie. (Nähere Angaben zu den mit einem Stern gekennzeichneten Personen enthält das Register).

Eine polnische Studentin in der Schweiz, um 1895

Als Rosa wegen ihrer Untergrundtätigkeit Verhaftung drohte, verließ sie Polen. Die demokratische Schweiz bot auch progressiven polnischen Frauen die Möglichkeit zu studieren. Neben der Aussicht auf politische Freiheit war das Studium ihr stärkstes Motiv für die „Ausreise".

Zürich 1889 – zivilisiert und tolerant – war ein Sammelbecken von Emigranten aus aller Herren Länder, die wie Rosa nach Wissen strebten und die Welt verbessern wollten. Hier studierte sie Ökonomie, Naturwissenschaften, Philosophie und Recht. Hier promovierte

sie 1897 mit ihrer Doktorarbeit „Die industrielle Entwicklung Polens“, die mit „magna cum laude“ bewertet wurde – für eine Frau um die Jahrhundertwende ein riesiger Erfolg.
In Zürich traf Rosa auch die Liebe ihres Lebens, den litauischen Sozialisten und Berufsrevolutionär Leo Jogiches (1867-1919). Der selbstbewusste junge Mann mit den blonden Locken und stahlblauen Augen stammte aus einer reichen jüdischen Familie, studierte wie Rosa an der Züricher Universität Nationalökonomie und war wegen sozialistischer Aktivitäten von Wilna nach Zürich geflohen.

Leo faszinierte die junge Frau: er vereinte in sich Mut, Rebellentum, Intelligenz und Attraktivität. Sie konnte mit ihm ihre politische Überzeugung teilen und seine Zuneigung stärkte ihr Selbstbewusstsein als Frau.
Mit ihm zusammen begann die junge Akademikerin ihre journalistische Tätigkeit. Beide gründeten 1893 die Zeitschrift „Sprawa Robotnicza“ (die Sache der Arbeiter) und die Partei „Sozialdemokratie des Königreichs Polen“.
Damals existierte zwar schon eine Sozialistische Partei Polens,

Leo Jogiches, um 1890

sie umfasste jedoch nur den russischen Teil des Königreichs. Der Titel „Königreich“ war bewusst gewählt, damit sollte ganz Polen angesprochen und gleichzeitig die zaristische Zensur umgangen werden.

Rosa wurde die Chefredakteurin und Hauptautorin der Zeitschrift. Leo beschaffte die Finanzen. Allerdings hatte es die Zeitschrift schwer, in Polen Fuß zu fassen. So gab es immer wieder Probleme mit der Verteilung, denn die zaristische Geheimpolizei hatte alle revolutionären Kanäle unter Kontrolle. Schließlich musste die

Zeitschrift 1896 ihre Tätigkeit einstellen.

Rosa strebte nun nach Publikationen in der deutschen Zeitung „Neue Zeit“, dem „Sprachrohr des wissenschaftlichen Sozialismus“ und Organ der deutschen Sozialdemokratie. Nach zähem Schriftwechsel konnte sie den Chefredakteur *Karl Kautsky schließlich von ihren Fähigkeiten überzeugen.

Rosa erwog, auch auf Anraten von Freunden, nach Deutschland überzusiedeln. Dort war die Sozialdemokratie nach der Aufhebung des Sozialistengesetzes 1890 wieder erstarkt, und Rosa erhoffte sich, von Deutsch-

land aus Einfluss auf die Sozialisten in Polen nehmen zu können.
Ihr Wunsch führte allerdings zu einer ernsthaften Belastung ihrer Liebe zu Leo Jogiches. Die Beziehung unterlag ohnehin ständigen Spannungen. Rosa, die leidenschaftliche Kämpferin, forderte uneingeschränkte Liebe, träumte vom gemeinsamen Leben und einem Kind, während der nüchterne Theoretiker Leo auf Distanz blieb. Er beharrte auf getrennten Wohnungen und dass ihre Beziehung vor Freunden und auch Rosas Familie geheim gehalten wurde. Selbst in der politischen

Arbeit hielt er sich im Hintergrund: er bezahlte, organisierte und gab Anweisungen.
Ein Schock für Rosa war der Tod ihrer Mutter im September 1897. Sie machte sich schwere Vorwürfe, dass sie ihre Familie kontinuierlich vernachlässigt hatte. Auch dem Begräbnis ihres Vaters im September 1900 blieb sie fern. Die Frage, ob ihre Entscheidung für eine politische Karriere richtig war, belastete sie ihr ganzes Leben.

Um ohne Probleme nach Deutschland zu kommen, ging Rosa Luxemburg 1898 in Basel eine Scheinehe mit Gustav Lübeck, dem Sohn deutscher Emigranten, ein. Die Ehe wurde fünf Jahre später wieder aufgelöst. Sie ermöglichte Rosa aber die reibungslose Übersiedlung nach Deutschland. Dort trat sie der Sozialdemokratischen Partei bei und wurde zunächst Chefredakteurin der „Sächsischen Arbeiter-Zeitung" und der „Leipziger Volkszeitung" (LVZ). Sie scheiterte allerdings in beiden Redaktionen, wohl vor allem deshalb, weil sich ihre männlichen Redaktionskollegen von einer klugen Frau nichts sagen lassen wollten.

Porträtaufnahme, um 1890

Erste politische Erfolge verzeichnete die neue Sozialdemokratin in der innerparteilichen Debatte über die Thesen von *Eduard Bernstein, der die Devise ausgab: Lieber Reformen statt Revolutionen. Rosa war eine der ersten, die 1898 auf dem Stuttgarter Parteitag und später in ihrer Streitschrift „Sozialreform oder Revolution?" in der Leipziger Volkszeitung darauf antworteten.

Neben ihrer theoretischen und journalistischen Arbeit war Rosa Luxemburg zwischen 1899 und 1914 als Agitatorin für die SPD ständig unterwegs.

Die kleine Frau wurde zu einer bekannten und mitreißenden, bei den Volksmassen beliebten Rednerin. 1903 übte sie bei einer Kundgebung öffentlich Kritik an Kaiser Wilhelm II.: *„Der Mann, der von der guten, gesicherten Existenz der deutschen Arbeiter spricht, hat keine Ahnung von den Tatsachen.“* Wegen Majestätsbeleidigung wurde sie zu einer Haftstrafe verurteilt. Im Zwickauer Gefängnis hatte Rosa Zeit zum Nachdenken auch über ihre Beziehung zu Leo Jogiches. Nachdem er sich Ende 1900 durchgerungen hatte, nach Deutschland zu kommen, lebten sie zwar gemeinsam in einer Wohnung in Berlin, jedoch als Verwandte, als Freunde, nie öffentlich als Liebende. Rosa war zermürbt vom ewigen Hin und Her, Leos kleinen Fluchten, dem Verzicht auf ihre Träume.

Sie schrieb ihm: „*Ich verspreche mir, draußen in vollen Zügen zu leben.*“ Und: „*Sobald der Mensch sich recht arm vorkommt, soll er sich nur hinsetzen und ein Inventar seiner irdischen Güter aufnehmen, alsdann wird er erst entdecken, wie reich er ist. Auch Du könntest öfter mal ein Inventar Deiner Reichtümer vornehmen, und wenn Du bloß meine Wenigkeit nicht vergisst, ... dann wirst Du Dir wie ein Krösus vorkommen.“*

Es sollte jedoch noch bis 1907 dauern, dass sie sich endgültig von ihm lösen konnte. Dennoch blieben Rosa Luxemburg und Leo Jogiches, auch bedingt durch die politische Arbeit, über die Jahre weiterhin verbunden.

1905 in Russland passierte es, dass die „Revolution die Revolutionäre überrascht“. Aus Hungersnöten und einem unsinnigen Russisch-Japanischen Krieg entwickelte sich spontan ein Flächenbrand. Am 23. Januar, dem sogenannten Blutsonntag, demonstrierten 200 000 Menschen vor dem Winterpalais des Zaren in St. Petersburg. Sie forderten den Acht-Stunden-Tag, Minimallöhne und eine Volksvertretung. Es folgten Massenstreiks und militärische Revolten, die der Zar blutig niederschlagen ließ. Durchsetzen konnte das Volk nur bürgerliche Freiheiten wie Rede- und Pressefreiheit sowie die Gründung der Duma, der russischen Nationalversammlung.

Auch in Polen kam es zu Unruhen und in der deutschen Sozialdemokratie löste die russische Revolution Diskussionen über die „Selbstbefreiung der Mas-

„Eine gefährliche Ausländerin“,
um 1905

sen“ aus. Rosa Luxemburg vertrat die Ansicht, dass spontane Massenstreiks (heute: „Generalstreik“) das Herz der Revolution sind. Das Volk könne auch ohne politische Organisationen und Parteien Revolutionen machen, politische Parteien und Organisationen bräuchten jedoch dazu das Volk. Mit dieser Einschätzung zog sie sich den Spott *August Bebels zu, der sie eine Imitation der Jungfrau von Orleans nannte.

Rosa Luxemburg bekräftigte in ihrer unvollendet gebliebenen Schrift „Über die russische Revolution“ (von 1917 unter *Lenins Führung) diese Wertschätzung der immensen Kraft der Volksmassen. Sie kritisierte u.a. Lenin und *Trotzki, die nach der Oktoberrevolution das Volk in seiner Freiheit beschnitten: *„Ohne allgemeine Wahlen, ungehemmte Presse- und Versammlungsfreiheit, freien Meinungskampf erstirbt das Leben ..., wird zum Scheinleben, in dem die Bürokratie allein das tätige Element bleibt.“*

Sie prophezeite *„im Grunde also eine Cliquenwirtschaft – eine Diktatur, allerdings nicht die des Proletariats, sondern einer Handvoll Politiker ...“*

Die Geschichte der ehemaligen Sowjetunion mit ihren Straflagern und Massenhinrichtungen unter der Schreckensherrschaft von *Stalin hat Luxemburgs Befürchtungen bestätigt. Ihre Kritik an der zentralistischen Berufsrevolution Lenins wurde später in der Kommunistischen Partei Deutschlands (KPD) als „Luxemburgismus" kritisiert.

Trotz der politischen Niederlagen und ihrer späteren Verhaftung war 1906 für Rosa Luxemburg eines ihrer glücklichsten Jahre, weil sie wieder fühlte, dass sie lebte. „*Ich nenne herrlich eine Zeit, die massenhaft Probleme und gewaltige Probleme aufwirft, die Gedanken anspornt, Kritik,*

Ironie und tiefere Bedeutung anregt, Leidenschaften aufpeitscht und vor allem – eine fruchtbare, schwangere Zeit ist …"

1906 war auch das Jahr, in dem Kostja, der Sohn ihrer Freundin *Clara Zetkin, das leerstehende Zimmer von Leo Jogiches in Rosas Wohnung bezog. Aus der Freundschaft zwischen der Vermieterin und dem 15 Jahre jüngeren Kostja Zetkin wurde allmählich Liebe. Alles, was Rosa bei Leo vermisst hatte, wurde ihr nun geschenkt: Kostja teilte ihre Liebe zur Natur, zusammen hörten sie Musik, sprachen über Literatur und Rosa begann wieder zu zeichnen. Sie malte, um

sich zu entspannen oder griff zum Skizzenblock, wenn sie irgendwo Zeit hatte und sie verschenkte oder verschickte gern ihre Werke an Freunde. Dabei entwickelte sie jedoch auch künstlerischen Ehrgeiz: *„Sobald ich etwas freier bin, gehe ich hinaus und male eine Landschaft ... Ich habe das verrückte Gefühl, dass ich Alles kann, aber es wird natürlich vorerst eine Pfuscherei. ... bald gelingt mir etwas, bald verpfusche ich es sofort, indem ich es noch besser machen will.*

S. 38/39: Kostja Zetkin, Bleistiftskizze von Rosa Luxemburg, vermutlich um 1908

Ach, ich bin ein Stümper ...", schrieb sie an Kostja über ihre Malversuche.
Er interessierte sich aber auch für ihre Arbeit, las ihre Artikel und Rosa diskutierte mit ihm ihre Ansichten und Referate. Sie genoss seine Aufmerksamkeit, seine jugendliche Begeisterungsfähigkeit, seine Bewunderung. Fast drei Jahre dauerte die gegenseitige Faszination, dann wurde es Kostja Zetkin in Rosas Umarmung zu eng, er bat sie um seine Freiheit.

Im Jahr 1907 wurde die promovierte Nationalökonomin auf Empfehlung von Karl Kautsky

Dozentin an der von August Bebel gegründeten sozialdemokratischen Parteischule in Berlin. Sie unterrichtete dort als einzige Frau bis zum Beginn des Ersten Weltkrieges 1914 die Fächer Nationalökonomie, Wirtschaftsgeschichte und Geschichte des Sozialismus. Ihre Lehrverpflichtung betrug 50 Stunden im Monat und sicherte Rosas finanzielle Unabhängigkeit von Leo Jogiches, nachdem sie sich privat von ihm getrennt hatte.

Ihre Studenten berichteten, dass sie eine begeisterte Lehrerin gewesen ist, die auch trockenen Lehrstoff und schwierige philosophische Probleme anschaulich erklären konnte. Rosa liebte die Klassiker der Weltliteratur. Die Werke von Goethe, Tolstoi oder Kleist waren ihr Quelle der Schönheit und zugleich Spiegelbild der Realität – z.B. die Machtkämpfe in Shakespeares Dramen oder der Verfall des Bürgertums bei Balzac.

Rosa Luxemburg verteidigte die neue Parteischule auch auf dem Nürnberger Parteitag der Sozialdemokratie 1908. Dort wurde ihr u.a. Elitebildung und Verwissenschaftlichung des Sozialismus vorgeworfen.

Die Vorlesungen an der Parteischule fasste die Publizistin später zu ihrem wissenschaftlichen

Hauptwerk „Einführung in die Nationalökonomie" zusammen, das erst nach ihrem Tod veröffentlicht wurde.

Bereits um die Jahrhundertwende beobachtete die Politikerin mit Unbehagen die wachsende Militarisierung in Deutschland. Dieser Trend verstärkte sich im Laufe der Jahre, ohne dass die Sozialdemokratie etwas dagegen unternahm.

Clara Zetkin und Rosa Luxemburg auf dem Weg zum SPD-Parteitag in Magdeburg, 1910

Nach dem glänzenden Wahlerfolg von 1912, wo ein Stimmenzuwachs von über einer Million verzeichnet werden konnte, war die SPD mit 110 Abgeordneten bestrebt, Bündnispartner im bürgerlichen Lager zu finden. Deshalb wurde die militärische Aufrüstung Deutschlands nicht stark genug attackiert. Rosa Luxemburgs warnende Stimme verhallte in der Parteibürokratie. In einem Brief an Clara Zetkin hatte Rosa bereits 1906 geklagt: *„Mir kommt die Zaghaftigkeit und Kleinlichkeit unseres ganzen Parteiwesens so schroff und schmerzlich zu Bewusstsein wie nie zuvor ... August Bebel* *und erst recht all die anderen haben sich für den Parlamentarismus und im Parlamentarismus gänzlich ausgegeben."*

Im Sommer 1913 stimmten die SPD-Abgeordneten im Reichstag für ein Gesetz zur Vermögensbesteuerung, das nur zur Rüstungsfinanzierung dienen konnte. Um den Militarismus wirksam bekämpfen zu können, gründete Rosa zusammen mit Clara Zetkin, *Julian Marchlewski und *Franz Mehring eine eigene Zeitung „Die Sozialdemokratische Korrespondenz".

Der Redaktion schloss sich noch *Karl Liebknecht an, der Sohn von *Wilhelm Liebknecht.

Die Redaktionsmitglieder der „Sozialdemokratischen Korrespondenz“ waren der Kern des künftigen Spartakusbundes und setzten sich mit aller Kraft für die internationale Solidarität der Arbeiter gegen den drohenden Krieg ein. Vergebens!

Am 4. August 1914 bewilligte die sozialdemokratische Fraktion zunächst ohne Gegenstimmen die Kriegskredite im Reichstag. Kaiser Wilhelm, der die Sozialdemokraten einst „vaterlandslose Gesellen“ genannt

Aus einem Brief vom 11. März 1914
an den Kampfgefährten
Walter Stoecker

Dass es Genossen giebt,
die annehmen können,
dass ich wegen der Gefäng-
nisstrafe aus Deutschland
fliehe, würde mich sehr
amüsieren, wenn es nicht
zugleich ein wenig betrü-
bend wäre. Lieber junger
Freund, ich versichere Sie,
dass ich auch dann nicht
fliehen würde, wenn mir
der Galgen drohte, ~~[illegible]~~
u. zwar aus dem einfachen
Grunde, weil ich für
durchaus notwendig halte,
unsere Partei daran zu
gewöhnen, dass Opfer
zum Handwerk des
Sozialisten gehören u. eine
Selbstverständlichkeit sind.
Sie haben Recht: „es
lebe der Kampf!"

Herzl. Gruss

R Luxemburg

hatte, gab die Parole aus, dass es nun keine Parteien mehr gäbe, sondern nur noch Deutsche.

Rosa Luxemburg hatte gegen den Krieg agitiert, wurde deshalb 1914 vor dem Frankfurter Landgericht angeklagt und zu einer Haftstrafe verurteilt.

Im Februar 1915 holte man sie urplötzlich aus ihrer Wohnung und sperrte sie ins Berliner „Weibergefängnis". Nachdem der erste Schock überwunden war, organisierte sie ihr Leben hinter den Mauern. Rosa hielt konsequenten Kontakt mit der Außenwelt. Wer die Zeugnisse ihrer Briefschreibkunst liest, bekommt einen Eindruck von ihrer Wandlungsfähigkeit. Sie vermag ihren Ton der Gemütslage des Briefpartners anzupassen. Man kann durchaus den Eindruck bekommen, nicht Rosa wäre die Eingesperrte, Bedauernswerte. Sie wappnete sich auf diese Art gegen Mitleid und eigene Mutlosigkeit. Auch auf ihr Äußeres legte sie viel Wert, noch im Gefängnis.

In ihren Briefen offenbarte sie sich auch als aufmerksame Beobachterin der Natur, wenn sie die verschiedenen Vogelarten und ihre Lautsprachen beschreibt oder die Farbnuancen der Wolkenberge vor dem Fenster ihrer Zelle.

In der Barnimstraße schrieb sie ihre berühmte Junius-Broschüre über die Krise der Sozialdemokratie, die von der Friedenspartei Liebknechts und Bebels aus dem Jahr 1870 zur Kriegspartei des Kaisers im Jahr 1914 mutiert war. Die Abhandlung erschien unter dem Pseudonym Junius 1916 in Zürich (um den Druck kümmerte sich der wieder im Untergrund arbeitende Leo Jogiches) und war von Rosas Sekretärin Mathilde Jacob Blatt für Blatt aus dem Gefängnis geschmuggelt worden.

Rosa in ihrer geliebten Berliner Wohnung: *„... wie glücklich könnte man in solchen Zimmern sein!“*

Als erster stimmte Karl Liebknecht am 2. Dezember 1914 gegen eine erneute Bewilligung von Kriegskrediten im Reichstag. Ihm folgten 1915 weitere 20 sozialdemokratische Abgeordnete. Sie wurden 1916 bei erneuten Gegenstimmen aus der sozialdemokratischen Reichstagsfraktion ausgeschlossen und gründeten 1917 schließlich die „Unabhängige Sozialdemokratische Partei Deutschlands“ USPD. Ihr prominentestes Mitglied war Karl Kautsky.
Die Spartakusgruppe um Rosa Luxemburg und Karl Liebknecht schloss sich der neuen Partei zunächst an.

Rosa wurde im Februar 1916 aus dem Gefängnis entlassen, im Juli aber erneut in Berlin in „Schutzhaft" genommen und später ins Gefängnis auf die Festung Wronke bei Poznań (Posen) gebracht. Es bedeutete ein unverhofftes Glück für Rosa, dass sie dort einen kleinen Garten anlegen durfte. Ihre besondere Liebe galt den Blumen. Sie ließ sich von ihren Freunden immer wieder Blumen ins Gefängnis schicken. Sie waren die kleinen Herzbeglücker, wenn hinter den Gefängnismauern dunkle Gedanken aufzogen. Je länger die Haft sich hinzog und ein Ende nicht abzusehen war, verfiel Rosa zunehmend in Depressionen. Auch gesundheitlich war sie angeschlagen.

Ein neuer Tiefschlag war die Verlegung ins Gefängnis nach Breslau, wo sie 1 Jahr und 4 Monate bleiben musste. Immerhin gestattete man ihr lange Spaziergänge auf dem Hof.

In Breslau schrieb sie ihre berühmten „Briefe aus dem Gefängnis“. Sie zeigen eine leidenschaftliche, tapfere Frau, die kleine Dinge des Lebens wie den Frühlingsduft oder den Gesang der Nachtigall vor dem Gefängnisfenster als unwiederbringliche Glücksmomente zu schätzen weiß.

Am 9. November 1918 wurde Rosa Luxemburg überraschend aus dem Gefängnis entlassen. Massenstreiks und eine Meuterei von Soldaten der Kriegsmarine hatten zur Abdankung des Kaisers geführt. Der Sozialdemokrat Friedrich Ebert übernahm die Regierung. Überall bildeten sich nach dem Vorbild der russischen Revolution von 1917 Arbeiter- und Soldatenräte. Die Spartakisten beschlossen, die revolutionäre Situation in Deutschland für eine sozialistische Umwälzung zu nutzen. Rosa Luxemburg und Leo Jogiches wollten in der USPD bleiben, um weiterhin Einfluss auf die politische Entwicklung nehmen zu können. Karl Liebknecht und andere waren jedoch für die Gründung einer eigenen Partei, und so entstand am 31. Dezember 1918 die Kommunistische Partei Deutschlands (KPD). Sie war führenden Militärs von Anfang an ein Dorn im Auge, und so wurde im kleinen Offizierskreis die Ermordung ihrer Führer beschlossen und die endgültige Zerschlagung der radikalen Spartakisten.

Die Lebenskünstlerin 1912:
„Mit innerer Säure wird das Leben gewiß nicht besser."

Nach der gescheiterten Novemberrevolution wollten Luxemburg und Liebknecht Berlin nicht verlassen und versteckten sich abwechselnd in Wohnungen von verbliebenen Freunden. Mittlerweile ging die politische Spaltung auch durch den engsten Freundeskreis, so hielt z.B. Rosas Freundin *Luise Kautsky aus Loyalität zu ihrem Mann. Doch auch die Volksstimmung war gegen die kleine Gruppe, in der Presse wurde insbesondere gegen die „Jüdin und Terroristin" Rosa Luxemburg gehetzt.
Freikorpssoldaten spürten sie und Liebknecht am 15. Januar

1919 in Wilmersdorf auf, fuhren sie ins Hotel Eden, wo die Garde-Kavallerie-Schützen ihr Hauptquartier hatten. Nach Misshandlungen gab Hauptmann Waldemar Pabst den Befehl, die beiden Politiker zu erschießen. Später wurde verkündet, dass „Unbekannte aus der Menge“ auf die KPD-Führer geschossen hätten.

Leo Jogiches brachte in seinem letzten, am 12. März 1919 posthum veröffentlichten Artikel in der „Roten Fahne“ die Wahrheit über die feigen Morde ans Tageslicht. Am 10. März 1919 wurde er ebenfalls verhaftet, nach Berlin Moabit transportiert und dort von einem Kriminalbeamten angeblich auf der Flucht durch einen Kopfschuss getötet.

Rosa Luxemburgs Leiche wurde erst am 31. Mai im Landwehrkanal angeschwemmt und gegen eine Gebühr von 3 Mark an Mathilde Jacob freigegeben. Am 13. Juni 1919 fand Rosa Luxemburg auf dem Friedhof Berlin Friedrichsfelde ihre letzte Ruhestätte.

Übrigens hat man Liebknechts und Luxemburgs Mörder und deren Auftraggeber nie richtig zur Rechenschaft gezogen, der Prozess gegen sie war eine Farce.

Einst hatte Rosa an Leo über den Verlust ihrer beider Mütter geschrieben: „... *jedes Mal erschüttert mich der eine Gedanke: Was war das doch für ein Leben! Was hat dieser Mensch erlebt, wozu so ein Leben!*“ Hätte sie all die Menschen gesehen, die ihrem Sarg folgten und all jene unzähligen, die bis heute aus ihren Schriften Hoffnung und Erkenntnis ziehen, sie würde voller Genugtuung sagen können: „Ich bin, ich war, ich werde sein.“

Beisetzung von Rosa Luxemburg

Berlin, 13. Juni 1919

Wie man Revolutionen macht

Die ersten Stunden einer Revolution

Es gibt nichts Unwahrscheinlicheres, Unmöglicheres, Phantastischeres als eine Revolution, noch eine Stunde, bevor sie ausbricht, und es gibt nichts Einfacheres, Natürlicheres und Selbstverständlicheres als eine Revolution, nachdem sie ihre erste Schlacht geschlagen und ihren ersten Sieg errungen hat.

Das wichtigste Gebot

Das erste Gebot der politischen Kämpfer, wie wir es sind, ist es, mit der Entwicklung der Zeit zu gehen und sich jederzeit Rechenschaft abzulegen über die Veränderungen in der modernen Welt, wie auch über eine Veränderung unserer Kampfstrategie.

Der kleine Unterschied

In Russland macht man Revolutionen, in Deutschland hingegen „kämpft“ man im Reichstag.

Über die Revolution von 1848

Gewöhnlich ist ein Leichnam ein stummes unansehnliches Ding. Es gibt aber Leichen, die lauter reden als Posaunen und heller leuchten als Fackeln.

Nach dem Barrikadenkampf am 18. März 1848 hoben die Berliner Arbeiter die Leichen der Gefallenen in die Höhe, trugen sie vor das Königsschloss und zwangen den Despotismus vor den Opfern das Haupt zu entblößen.

Chorbegleitung

In Deutschland sollen die Massen höchstens nur den Chor bilden, der die Großtaten der Reichstagsabgeordneten mit „mitwirkendem“ Gesang begleitet.

Die russische Revolution von 1905

Es dauerte eine Ewigkeit – wenigstens gemessen an der revolutionären Ungeduld und an den Qualen des russischen Volkes – bis unter der Jahrhunderte langen Eisdecke des Absolutismus das Feuer der Revolution zu hellem Lichte entfacht wurde.

Über die russische Revolution von 1917

Die russischen Arbeiter haben keine Organisationen, keine Wahlvereine, so gut wie keine Gewerkschaften. Aber sie haben das, was für ihre Macht und ihren Einfluss entscheidend ist: Kampfgeist, entschlossenen Willen und grenzenlosen Opfermut für die Ideale des Sozialismus.

Das Grundgesetz der Revolution

Die russische Revolution hat hier nur bestätigt die Grundlehre jeder großen Revolution, deren Lebensgesetz lautet: entweder muss sie sehr rasch und entschlossen vorwärts stürmen, mit eiserner Hand alle Hindernisse niederwerfen und ihre Ziele immer weiter stecken, oder sie wird sehr bald hinter ihren schwächlichen Ausgangspunkt zurückgeworfen und von der Konterrevolution erdrückt. Ein Stillstehen, ein Trippeln auf demselben Fleck, ein Selbstbescheiden mit dem ersten einmal erreichten Ziel gibt es in der Revolution nicht.

Die Schwerkraft der Revolution

Entweder wird die Lokomotive mit Volldampf den geschichtlichen Anstieg bis zum äußersten Punkt vorangetrieben, oder sie rollt durch die eigene Schwerkraft wieder in die Ausgangsniederung zurück und reißt diejenigen, die sie auf halbem Wege mit ihren schwachen Kräften aufhalten wollen, rettungslos in den Abgrund mit. Dadurch erklärt sich, dass in jeder Revolution nur diejenige Partei Führung und Macht an sich zu reißen vermag, die den Mut hat, die vorwärtsdrängende Parole auszugeben.

Die Gluthitze der Revolution

Gerade die Revolution schafft durch ihre Gluthitze jene dünne, vibrierende, empfängliche politische Luft, in der die Wellen der Volksstimmung, der Pulsschlag des Volkslebens augenblicklich in wunderbarster Weise auf die Vertretungskörperschaften einwirken.

Selbstkritik

Schonungslose Selbstkritik ist nicht bloß das Daseinsrecht, sie ist auch die oberste Pflicht der Arbeiterklasse.

Terror und Schreckensherrschaft

Terror und Schreckensherrschaft waren in den bürgerlichen Revolutionen ein Mittel, geschichtliche Illusionen zu zerstören oder hoffnungslos Interessen gegen den Strom der Geschichte zu verteidigen.

Revolution und Rosenwasser

Die Binsenwahrheit, dass Revolutionen nicht mit Rosenwasser getauft werden, ist an sich ziemlich dürftig.

Reif für die Revolution?

Trotzki soll erklärt haben, wenn Russland die Wahl zwischen japanischer und deutscher Okkupation hätte, so würde es die letztere wählen, da Deutschland viel reifer zur Revolution sei als Japan.

Das Abc der Politik

Es gehört zum Abc der sozialistischen Politik, dass sie, wie jede Art Unterdrückung, so auch die eine Nation durch eine andere bekämpft.

Über die I. Internationale

Statt der Sekten, Schulen, Utopien, Experimente in jedem Land auf eigene Faust entstand eine einheitliche theoretische Grundlage, die Länder wie Zeilen in einem Band verschlang.

Aufklärung der Massen

Was der Masse Not tut, ist die allgemeine Aufklärung, die Theorie, die uns die Möglichkeit gibt, den Stoff zu systematisieren und zu einer tödlichen Waffe gegen die Gegner zu schmieden.

Berlin Südende, Lindenstr. 2
25. 2. 16

Liebe Genossin,

Ich danke Ihnen herzlich für Ihre freundlichen Worte aus Anlass meiner Freilassung. Ich bin mit grosser Arbeitslust in die „Freiheit" zurückgekehrt u. hoffe Sie u. andere Genossen nicht zu enttäuschen.

Mit dem besten Gruss
R. Luxemburg

Brief an die Frauenrechtlerin Regina Ruben nach Rosas Freilassung aus dem Gefängnis 1916

Die Massen entscheiden

(Rede auf dem Parteitag 1910)

Nicht wir, sondern die Massen sind berufen zu entscheiden, wann die Zeit reif ist, und unsere Pflicht ist es, ihnen die geistigen Waffen zu geben, die klare Einsicht in die Tragweite des Kampfes, in die Größe der Aufgaben und die damit verbundenen Opfer.

Volksbewegungen

Volksbewegungen werden nicht mit technischen Rezepten aus der Tasche der Parteiinstanzen inszeniert.

Scharfgeschliffene Waffe

Die Politik darf nicht so gemacht werden, dass die Massen immer vor vollendeten Tatsachen stehen. Vor allem müssen sie darauf sehen, dass die Presse immer eine scharfgeschliffene Waffe im Kampfe ist und dass sie die Dunkelheit in den Köpfen zerstreut. Die Massen müssen zur Geltung kommen, um das Schiff der Partei vorwärts zu stoßen.

Manöver

Alle persönlichen Beschimpfungen sind lediglich Manöver, um von der politischen Streitsache abzulenken.

Richtschnur

Das passive Gehen- und Geschehenlassen kann niemals die Richtschnur für das Verhalten einer revolutionären Partei wie die Sozialdemokratie abgeben.

Der Sieg des Sozialismus

Der Sieg des Sozialismus wird nicht wie ein Fatum vom Himmel herabfallen. Er kann nur durch eine lange Kette gewaltiger Kraftproben zwischen den alten und den neuen Mächten erkämpft werden.

Kostja Zetkin, Bleistiftskizze

Krieg und Frieden

Weltwende

Der Weltkrieg ist eine Weltwende. Es ist ein törichter Wahn, sich die Dinge so vorzustellen, dass wir den Krieg nur zu überdauern brauchen, wie der Hase unter dem Strauch das Ende des Gewitters abwartet, um nachher munter wieder in den alten Trott zu verfallen.

Lehrmeisterin

Die Geschichte ist immer die größte Lehrmeisterin der Politik.

Zeitgenössische Karikatur zum
Prozess gegen Rosa Luxemburg
wegen Aufrufs zum Widerstand
gegen den Krieg, Februar 1914

Die Natur des Krieges

Krieg ist ein methodisches, organisiertes, riesenhaftes Morden. Zum systematischen Morden muss aber bei normal veranlagten Menschen erst der entsprechende Rausch erzeugt werden.

Naturgesetz

Seit einigen hundert Jahren hat sich in Europa eine stetig zunehmende Verflechtung der politischen Interessen herausgebildet.

Wenn einer malträtiert wird, so erfüllt das nach dem politischen Naturgesetz, unter dem wir stehen, die anderen teils mit Freude, teils mit Sorge.

Über den Krieg von 1914

Der Marsch in sechs Wochen nach Paris hat sich zu einem Weltdrama ausgewachsen; die Massenschlächterei ist zum ermüdend eintönigen Tagesgeschäft geworden, ohne eine Lösung vorwärts oder rückwärts zu bringen.

Die alte Sozialdemokratie

(Wilhelm) Liebknecht verkörperte die alte Sozialdemokratie, so wie sie in den Herzen der Massen lebte: stolz, trotzig, rücksichtslos im Kampf gegen die Herrschenden, unerschütterlich in der Treue den Unterdrückten gegenüber.

Liebknechts Mut

Schon im Dezember 1914 hatte er den Mannesmut als einziger im ganzen Reichstag, die Kriegskredite zu verweigern, und noch zweimal lehnte er sie ab, bis im Dezember 1915 sein Beispiel endlich bei mehreren, wenn auch zögerliche Nachahmung fand.

Immer wieder verschoben

Der heutige Weltkrieg hing seit acht Jahren in der Luft. Wenn er immer wieder verschoben wurde, so nur deshalb, weil jedes Mal eine der beteiligten Seiten mit den militärischen Vorbereitungen noch nicht fertig war.

„Ich glaube fest daran, dass sich schließlich alles nach dem Kriege oder zum Schluss des Krieges wendet ...“

Ins Gegenteil umschlagen

Ich habe das Gefühl, dass dieser ganze moralische Schlamm, durch den wir waten, dieses große Irrenhaus, in dem wir leben, auf einmal, so von heute auf morgen wie durch einen Zauberstab ins Gegenteil umschlagen, in ungeheuer Großes und Heldenhaftes umschlagen kann, und – wenn der Krieg noch ein paar Jahre dauern wird – umschlagen muss.

Weisheit

Aus geduldigen Lämmern werden nicht in vierundzwanzig Stunden Löwen.

Kanonen

Die Kanonen sollten bei *Heine nur als Tauschgegenstand für Volksrechte dienen.

Militarismus

Der Militarismus stellt für die Gesellschaft im Ganzen eine ökonomisch völlig absurde Vergeudung der Produktivkräfte dar.

Die Geschichte weiß Rat

Die Geschichte allein weiß immer Rat für ihre eigenen Sorgen, und sie hat schon manchen Misthaufen in die Luft gesprengt, der ihr im Wege stand.

Weltverbrüderung

Die Weltverbrüderung der Arbeiter ist mir das Heiligste und Höchste auf Erden; sie ist mein Leitstern, mein Ideal, mein Vaterland. Lieber lasse ich mein Leben, als dass ich diesem Ideal untreu werde.

Der Frieden von Brest-Litowsk

(Friedensschluss mit Deutschland 1918)

So wird die russische Revolution im Endresultat des Brester Friedens von allen Seiten umzingelt, ausgehungert, erdrosselt.

Alltägliches Sterben

Jeden Tag sterben einzelne Obdachlose, brechen vor Hunger und Kälte zusammen – kein Mensch nimmt von ihnen Notiz, nur der Polizeibericht.

Einigkeit macht stark

Einigkeit macht stark, aber Einigkeit der festen inneren Überzeugung, nicht äußere mechanische Zusammenkopplung von Elementen, die innerlich auseinanderstreben.
Nicht in der Zahl liegt die Kraft, sondern in dem Geiste, in der Klarheit, in der Tatkraft, die uns beseelt.

Freiheit der Andersdenkenden

Freiheit nur für die Anhänger der Regierung, nur für die Mitglieder einer Partei – mögen sie noch so zahlreich sein – ist keine Freiheit.
Freiheit ist immer Freiheit der Andersdenkenden.
Nicht wegen des Fanatismus der Gerechtigkeit, sondern weil all das Belebende, Heilsame und Reinigende der politischen Freiheit an diesem Wesen hängt und seine Wirkung versagt, wenn die „Freiheit" zum Privilegium wird.

Stillleben und Person, Bleistiftskizze
(ohne Datumsangabe)

Wer ist ein Hund?

Ein Hund ist, wer den Stiefel des Herrschenden leckt, der ihn Jahrzehnte lang mit Tritten bedachte.

Lob der Freiheit

Es ist eine offenkundige unbestreitbare Tatsache, dass ohne eine freie, ungehemmte Presse, ohne ungehindertes Vereins- und Versammlungsleben gerade die Herrschaft breiter Volksmassen völlig undenkbar ist.

Gedanken im Gefängnis

In der Freiheit habe ich zum eigenen Leben so selten Zeit.

Innere Freiheit

Wer innerlich reich und frei ist, kann sich doch jederzeit natürlich geben und von seiner Leidenschaft mit fortreißen lassen, ohne sich untreu zu werden.

Lob der Disziplin

Jede Körperschaft, jede größere Gemeinschaft, die auf Mitwirkung mehrerer Einzelmenschen beruht, bedarf der Disziplin, das heißt der Unterordnung des Einzelnen, ohne die ein Zusammenwirken unmöglich ist.
Ohne Disziplin wäre kein Fabrikbetrieb, kein Schulunterricht, kein Militär und kein Staat möglich.

Parteidisziplin

In einer demokratischen Partei wie der unseren ist maßgebend die Ansicht und der Wille nicht einer Handvoll Literaten, Parteibeamter oder Parlamentarier, sondern der großen Mehrheit der Proletarier, der Millionen, die nach reiflicher Prüfung, nach offener, eingehender Diskussion ihre Beschlüsse fassen.

Sozialismus nicht oktroyieren

Es ist klar, dass der Sozialismus sich seiner *Natur* nach nicht oktroyieren, nicht durch Ukase (russisch: Befehle) einführen lässt.

Beschränkte Freiheit

Das öffentliche Leben der Staaten mit beschränkter Freiheit ist eben deshalb so dürftig, so armselig, so schematisch, so unfruchtbar, weil es durch die Ausschließung der Demokratie die lebendigen Quellen allen geistigen Reichtums und Fortschritts absperrt.

Sozialismus und Volk

Die ganze Volksmasse muss am Sozialismus teilnehmen. Sonst wird der Sozialismus vom grünen Tisch eines Dutzends Intellektueller dekretiert, oktroyiert.

Über Liebknechts Verhaftung 1915

Jedes Parlament der Welt betrachtet es als ein Gebot der Selbstachtung, seine Mitglieder vor den Regierungsgewalten zu schützen.

Hier geschah das Unerhörte, das Beispiellose in der Geschichte aller Parlamente: Der Reichstag liefert selbst eines seiner Mitglieder der Militärjustiz aus.

Rache ist süß

Das Unglaubliche ist also Ereignis geworden: Die Regierung hat es gewagt, das Schandurteil gegen Liebknecht noch zu verschärfen und zum Zuchthaus auch noch die Aberkennung der Ehrenrechte, das heißt des Reichstags- und Landtagsmandats hinzuzufügen.

Die Rache ist süß, namentlich, wenn sie so bequem ist, wenn der Gegner an Händen und Füßen gefesselt und das Duell in der Komödie einer „Gerichtsverhandlung“ unter Ausschluss der Öffentlichkeit verkleidet ist.

Scheinleben

Ohne allgemeine Wahlen, ungehemmte Presse- und Versammlungsfreiheit, freien Meinungskampf erstirbt das Leben in jeder öffentlichen Institution, wird zum Scheinleben, in der die Bürokratie allein das tätige Element bleibt.

Unabhängigkeit

Der Sozialismus gesteht jedem Volke das Recht auf Unabhängigkeit und Freiheit, auf selbständige Verfügung über die eigenen Geschicke zu.

Politische Ethik

Die Masse, die wie ein Kind erzogen werden muss, der man nicht alles sagen, die man sogar zu ihrem Besten belügen und betrügen darf, und die „Führer“, die als tiefblickende Staatsmänner aus diesem weichen Ton den Tempel der Zukunft nach eigenen Plänen formen, das ist die politische Ethik sowohl der bürgerlichen Parteien wie des revisionistischen Sozialismus.

Landschaft, Aquarell

(ohne Datumsangabe)

So ist das Leben…

So ist das Leben

So ist eben das Leben seit jeher, alles gehört dazu: Leid und Trennung und Sehnsucht.
Man muss es immer mit allem nehmen und *alles* schön und gut finden.

Doppeltes Leben

Mensch sein heißt, sein ganzes Leben „auf des Schicksals große Waage“ freudig hinwerfen, wenn's sein muss, sich zugleich aber an jedem hellen Tag und jeder schönen Wolke freuen.

Im Dunkeln lächeln

Ich lächle im Dunkeln dem Leben, wie wenn ich irgendein zauberhaftes Geheimnis wüsste, das alles Böse und Traurige Lügen straft.

Nächtliche Finsternis

Das Geheimnis ist nichts anderes als das Leben selbst; die tiefe nächtliche Finsternis ist so schön und weich wie Samt, wenn man nur richtig schaut.

Lebensrezept

Ich weiß keine Rezepte zu schreiben, wie man Mensch sein soll, ich weiß nur, wie man's *ist*.

Über Menschen urteilen

Man soll nie mit seinem Urteil über Menschen fertig werden; sie können einen immer noch überraschen, im schlechten aber gottlob auch im guten Sinne.

Mensch sein

Mensch sein ist vor allem die Hauptsache. Und das heißt: fest und klar und heiter sein, ja heiter trotz alledem und alledem, denn das Heulen ist Geschäft der Schwäche.

Menschenliebe

Man kann Menschen nur richtig verstehen, wenn man sie liebt.

Gut sein

Gut sein ist die Hauptsache. Einfach und schlicht gut sein, das löst und bindet alles und ist besser als alle Klugheit und Rechthaberei.

Unglücklich

Manchmal bin ich unglücklich, da ich das, was mir Leben und Glück bedeutet, stets nur von Weitem sehen und hören muss.

Schwächlinge und Feiglinge

Die Welt ist so schön bei allem Graus und wäre noch schöner, wenn es keine Schwächlinge und Feiglinge auf ihr gäbe.

Heimat

Innerlich fühle ich mich in einem Stückchen Garten wie hier oder im Feld unter Hummeln und Gras viel mehr in meiner Heimat als – auf einem Parteitag.

Handeln

Ich möchte handeln können, kalt und fest ohne viel Worte, aber wirksam.
Da ich 's nicht kann, so schweige ich lieber.

Klüger werden

Man wird meist klüger, wenn's zu spät ist.

Geistreiche Menschen

Im Privatverkehr geistreicher Menschen sind leichte Andeutungen viel genussreicher als plumpe Deutlichkeit.

Geheimnisvolle Beziehungen

Erst im nächtlichen Dunkel, durch den linden Hauch der Sommerluft, spannen sich geheimnisvolle Beziehungen zwischen Menschen, die sich nie kannten oder sahen.

Heiterer Gleichmut

Ich nehme alle Wendungen des Schicksals mit dem nötigen heiteren Gleichmut hin.

Inneres Gleichgewicht

Mein inneres Gleichgewicht und meine Glückseligkeit können leider schon beim leisesten Schatten, der auf mich fällt, aus den Fugen geraten.

Die Farbe Grau

Wie schön und reich die graue Farbe ist?
Sie hat so etwas Vornehmes und Verhaltenes an sich, ist so vieler Möglichkeiten fähig.

Schwarze Brille

Durch eine schwarze Brille sieht man die Dinge und das Leben nie richtig.

Grenzen des Mitleids

Mein Mitleid wie meine Freundschaft haben eine ganz bestimmte Grenze: sie enden haarscharf dort, wo die Gemeinheit beginnt.

Wolkenflug

Es liegt so viel Unbekümmertheit und kühles Lächeln in diesem Wolkenflug, dass ich mitlächeln muss, wie ich immer den Rhythmus des umgebenden Lebens mitmachen muss.

Sonntag

Heut ist wieder Sonntag, der tödlichste Tag für Gefangene und Einsame.

Gefängnisalltag

Jeder Tag, den ich herunterleben muss, wird ein kleiner Berg, der mühsam bestiegen wird, und jede Kleinigkeit irritiert mich schmerzlich.

Im Gefängnisgarten

Ich bin jetzt in dem grünen Reich zu Hause.

Ich habe es mir erobert – im Sturm, in Leidenschaft, und was man so mit Glut erfasst, das hat in einem feste Wurzeln.

Tier in Menschengestalt

Ich habe manchmal das Gefühl, ich bin kein richtiger Mensch, sondern irgendein Vogel oder ein anderes Tier in Menschengestalt.

Die Sprache der Tiere

Jetzt bin ich selbst wie König Salomo: Ich verstehe auch die Sprache der Vögel und der Tiere. Natürlich nicht, als ob sie menschliche Worte gebrauchten, sondern ich verstehe die verschiedenen Nuancen und Empfindungen, die sie in ihre Laute legen.

Über August Bebel

Sein Einfluss beruht auf seinem enormen Werk der Aufklärung der Masse zur politischen Mündigkeit, und die Früchte dieser Arbeit erntet er heute, wo die Masse ihm begeistert folgt, soweit er ihrem Wohlwollen und Denken Worte verleiht.

Deutsche Professoren

Es gibt Dinge, die in unserer hastigen, sprunghaften Zeit einen fixen Punkt bilden, bei dem der abgehetzte Gedanke ausruhen und das verlorene Bild der Ewigkeit wiederfinden kann: es ist die würdige Gestalt des deutschen Professors.

Wissenschaft und Geschichte

Seit dreißig Jahren glaubt der deutsche Professor fest und unerschütterlich an seinen historischen Beruf, die Geschichte zu erklären, indem er sie zerfasert.

Preußische Polizeiwissenschaft

Auch die unaufgeklärten, unorganisierten Arbeiter fühlen instinktiv heraus, dass die offizielle deutsche Staatsgelehrsamkeit in ihrem innersten Wesen auch heute noch dieselbe geblieben ist, die sie vor hundert Jahren war: die Königlich preußische Polizeiwissenschaft.

Die Venus von Milo

Die Venus von Milo hat am Ende nur deshalb ihre Reputation als schönste der Frauen durch Jahrhunderte bewahren können, weil sie schweigt.
Würde sie den Mund auftun, wäre vielleicht der ganze Charme zum Teufel.

Kulturgeschichte

Die ganze Kulturgeschichte der Menschheit, die nach bescheidenen Schätzungen einige zwanzig Jahrtausende dauert, basiert auf der Entscheidung von Menschen über andere Menschen.

Wirkliche Kunst

Aber wie wirklich wohlerzogene und vornehme Menschen nie oder selten über ihre Umgebung spötteln, wenn sie auch alles Lächerliche bemerken, so ironisiert ein wirklicher Künstler nie über seine eigenen Geschöpfe.

Winter

Es ist Winter, man muss sich aufplustern und still hocken, bis die Sonne kommt.

Sterben

Ich werde trotzdem hoffentlich auf dem Posten sterben: in einer Straßenschlacht oder im Zuchthaus. Aber mein innerstes Ich gehört mehr meinen Kohlmeisen als den „Genossen".

Über den eigenen Tod

Wir alle stehen unter dem blinden Schicksal. Mich tröstet nur der grimmige Gedanke, dass ich auch bald ins Jenseits befördert werde – vielleicht durch eine Kugel der Gegenrevolution, die von allen Seiten lauert.

Laubbaum in Landschaft,
Bleistiftzeichnung
(ohne Datumsangabe)

Personenregister

August Bebel (1840-1913), Mitbegründer der Sächsischen Volkspartei und 1876 der Sozialdemokratischen Arbeiterpartei SDAP, später SPD. Sein Buch „Die Frau und der Sozialismus“ wurde von Rosa Luxemburg sehr geschätzt.

Eduard Bernstein (1850-1932) eröffnete die Revisionismusdebatte in der SPD. Er vertrat die Kernthese, dass die SPD durch Sozialreformen zum Sozialismus gelangen könnte und kritisierte die marxistische Auffassung einer Diktatur des Proletariats.

Heinrich Heine (1797-1856), deutscher Dichter, der in Frankreich in der Emigration lebte. Rosa Luxemburg las viele seiner Gedichte während ihrer Gefängniszeit im Ersten Weltkrieg.

Karl Kautsky (1854-1938), Mitautor des Erfurter Programms der Sozialdemokratie. Aus Protest gegen den Krieg 1917 Beitritt zur USPD, 1922 Rückkehr zur SPD. Publizierte u.a. zahlreiche Schriften gegen die russische Oktoberrevolution, z.B. das Buch „Demokratie und Diktatur".

Luise Kautsky (1864-1944), Berliner SPD-Kommunalpolitikerin. Seit 1880 mit Karl Kautsky verheiratet. Mit Rosa Luxemburg verband sie eine enge Freundschaft.

Vladimir I. Lenin (1870-1924), Führer der russischen Revolution von 1917, Gründer der Kommunistischen Partei der ehemaligen Sowjetunion. Rosa Luxemburg hatte Lenin in der Schweiz kennen gelernt. Sie kritisierte seine Idee von einer marxistischen Kaderpartei.

Karl Liebknecht (1871-1919), Sohn von Wilhelm Liebknecht, seit 1900 in der SPD. Als Anwalt verteidigte er insbesondere Gegner des erstarkenden deutschen Militarismus. Mitbegründer des Spartakusbundes und der KPD.

Wilhelm Liebknecht (1826-1900), Mitbegründer der Sozialdemokratischen Partei Deutschlands. Während der ersten zehn Jahre des deutschen Kaiserreichs als Abgeordneter im Reichstag der direkte Gegenspieler zu Bismarck.

Julian Balthasar Marchlewski (1866-1925), mit Rosa Luxemburg seit ihren Anfängen in der Warschauer Untergrundarbeit bekannt. Mitbegründer der Sozialdemokratischen Partei Polens und des deutschen Spartakusbundes. Lebte 1896 bis 1919 in Deutschland und war hier journalistisch tätig. Bis 1922 Diplomat der Sowjetregierung.

Karl Marx (1818-1883) gilt neben Friedrich Engels (1820-1895) als der Begründer der marxistischen Philosophie und Revolutionstheorie. Marx und Engels schrieben „Das Kommunistische Manifest", 1848, das nach einer siegreichen Revolution die „Diktatur des Proletariats" fordert. Rosa Luxemburg hat diese Forderung in zahlreichen Schriften bekräftigt.

Franz Mehring (1846-1919) wirkte 30 Jahre als Literaturhistoriker und Publizist der sozialdemokratischen Zeitschrift „Die Neue Zeit". Mitbegründer der KPD.

Jossif W. Stalin (1878-1953), ab 1924 Führer der Kommunistischen Partei der Sowjetunion, ließ Tausende poli-